글 안성훈

초등학생 때부터 글 쓰고 그림 그려 친구들에게 보여 주는 재미에 흠뻑 빠져 살았어요.
대학에서 기계공학과 문예창작학을 공부했고, 제6회 웅진주니어 문학상을 수상하며 동화 작가가 되었답니다.
지은 책으로 〈거꾸로 세계〉〈삼국유사 – 이야기 편〉〈헝클이와 블록월드〉 들이 있습니다.
2013 소년한국일보 어린이책 대상, 예스24 어린이 도서상을 받았습니다.

그림 순미

대학에서 영상을 공부하고, 지금은 어린이를 위한 그림을 그리고 있어요.
상상력을 요리조리 발휘해서 그림으로 재미있는 이야기를 전하는 사람이 되고 싶습니다.
그린 책으로 〈세빈아, 오늘은 어떤 법을 만났니?〉〈날아라, 로켓 건물!〉〈루나의 꽃집으로 오세요〉
〈함께 꿈꾸는 세상〉 들이 있습니다.

감수 이재호

경인교육대학교 컴퓨터교육학과 교수입니다. 국내 컴퓨터 교육과 영재 교육 분야에서 왕성한 활동을 하고 있으며
250여 편의 논문을 발표하였습니다. 융합영재교육연구소 소장, 한국창의정보문화학회 회장, 소프트웨어지원센터
센터장을 지내고 있습니다. 지금은 실생활과 연계된 소프트웨어 코딩 교육 프로그램을 연구하고 콘텐츠를 개발하고
있습니다. 쓴 책으로 〈컴퓨터랑 코딩해〉〈생활 속 ICT의 발견〉〈생활 속 SW 코딩의 발견〉 들이 있습니다.

준비 땅! 코딩 1

신호등을 작동시키는 내 맘대로 코딩

글 안성훈 | 그림 순미 | 감수 이재호

그레이트 BOOKS

생각이 먼저입니다

요사이 코딩에 대한 관심과 열기가 대단합니다. 초등학교에서 '소프트웨어 교육'이 정규 교과목으로 편성되기도 했고, 우리 아이들이 소프트웨어로 무장한 기계(로봇)와 경쟁해야 하는 미래 사회에 대한 걱정도 점점 커지기 때문일 것입니다.

암을 진단하는 '인공지능(AI) 의사'는 '사람 의사'보다 오진율이 낮다고 합니다. 실제로 암 환자들은 인공지능 의사의 의견을 사람 의사의 의견보다 신뢰한다고 하고요. 바둑에서도 인간 최고수들은 인공지능 바둑 기사에게 연패하였습니다. 이런 상황에서 소프트웨어 코딩 교육의 열기가 뜨거운 것은 당연한 결과입니다.

하지만 코딩 교육의 현실은 어떨까요? 올바른 방향으로 코딩 교육이 이루어지고 있는지 짚어 볼 필요가 있습니다. 초등학교에 편성된 코딩 교육 시간은 지금의 상황을 고려할 때 턱없이 부족합니다. 다양한 현장에서 이루어지는 코딩 교육의 형태도 염려스럽습니다. 코딩 교육을 시행하는 핵심 목표는 '사고력 계발'에 있습니다. "생각이 먼저다."라는 것이지요. 그러나 현재 이루어지고 있는 코딩 교육의 상당 부분은 사고력을 키워 주는 과정 없이 코딩 기술만을 교육하는 형태가 대부분입니다. 이것은 코딩 교육의 본질에서 벗어난 것입니다.

조기교육 현상은 코딩 분야도 예외가 아닙니다. 키즈 코딩 교육 분야에 관심이 집중되고 있지요. 하지만 어린아이들이 흥미를 가지고 재미있게 코딩의 본질을 이해할 수 있는 교재는 찾아보기 힘듭니다.

《준비땅! 코딩》 시리즈는 미래 사회 주인공인 아이들이 소프트웨어의 본질과 원리를 자연스럽게 채득할 수 있게 구성되어 있습니다. 이 책은 총 4권으로 이루어진 시리즈 중 첫 권으로, 소프트웨어와 코딩의 기본 개념을 잡아 주는 책입니다. 우리가 매일 맞닥뜨리고 사용하는 물건 중 하나인 '신호등'에 숨어 있는 소프트웨어 코딩 관련 내용을 재미있는 그림과 이야기로 이해하기 쉽게 조목조목 설명하고 있지요. 아이들은 책을 읽으면서 소프트웨어와는 전혀 관련이 없을 것 같은 물건에도 소프트웨어가 숨어 있다는 사실을 자연스럽게 이해하고 받아들이게 됩니다.

《준비땅! 코딩》은 세상에 존재하는 소프트웨어를 찾을 수 있는 역량, 이해하고 개선할 수 있는 역량, 더 나아가 새로운 아이디어를 창조할 수 있는 역량 등을 계발하도록 도와줄 것입니다.

《준비땅! 코딩》이 코딩 교육의 본질을 찾아가는 지침서 역할을 하리라 기대합니다.

이재호(경인교육대학교 컴퓨터교육학과 교수)

신호등을 작동시켜라!

민지와 민수가 건널목 앞에 섰어요.
민수가 발을 내딛는 순간,
빵빵빵!
자동차가 민수를 보고 깜짝.
민수도 자동차를 보고 깜짝.

다행히 며칠 뒤에 신호등이 세워졌어요.
길을 건널 때마다 조마조마했는데,
이제 걱정 없겠죠?

"초록불이 켜지면 길을 건너자!"
민지가 신이 나서 말했어요.
"곧 신호를 주겠지?"
민수도 두근두근 신호를 기다려요.

그런데 신호등이 작동하지 않아요.
아무리 기다려도 깜깜하기만 해요.

"에잇, 고장 났나?"
기다리다 지친 민수가
신호등을 발로 뻥!

이때, 한 아저씨가 다가왔어요.
"신호등을 왜 발로 차니?"
"신호등이면 신호를 줘야죠! 일을 안 하잖아요."
민수가 볼멘소리로 말하자 아저씨가 빙그레 웃어요.
"하하. 아저씨가 신호등에게 일을 시키러 왔으니 걱정 마.
신호등은 사람이 아니라 기계잖니.
사람이라면 자기가 무슨 일을 할지 스스로 결정하지만,
기계는 그러지 못해.
할 일을 정해서 기계에게 명령을 내려야 한단다."

민수의 말에 아저씨가 고개를 저었어요.
"그렇게 명령을 내리면 신호등은 알아듣지 못해.
신호등과 같은 기계에게 명령을 내릴 때는
방법을 알려 줘야 한단다.
무엇을, 어떻게, 얼마나 해야 할지 말이야."

민지가 고개를 끄덕였어요.
"아, 신호등은 빨간불과 초록불로 신호를 주니까
빨간 신호와 초록 신호를 얼마 동안 줄지
정해 주면 되겠네요."
"그렇지."

초록 신호는 얼마나 길어야 할까?

"초록 신호 명령을 내려 볼까? 얼마나 오래 신호를 주면 될까?"
"음…, 3분? 4분? 계속 초록불이면 좋겠는데, 헤."
민수가 대답하자, 민지가 쏘아붙였어요.
"그러면 자동차는 언제 지나가니?"

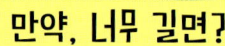
만약, 너무 길면?

자동차는 오래 기다려야 하고 도로는 멈춰 선 차들로 가득할 거야.

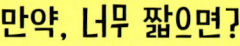
만약, 너무 짧으면?

사람들이 미처 건널목을 다 건너지 못할 거야.

"초록불은 사람들이 건널목을 다 건너는 동안 켜져 있어야 해요."

"사람들이 건널목을 다 건너는 데
얼마나 걸릴까?
내가 한번 건너 볼 테니
너희가 여기서 시간을 재 보렴."
아저씨가 도로를 가로질러 넘어가더니
민지와 민수를 향해 성큼성큼
걸어왔어요.

"15초 걸렸어요. 그럼 신호등에게 15초 동안
초록불을 켜라고 하면 되겠어요!"
민지가 말하자 아저씨가 덧붙였어요.
"그런데 걸음이 느린 어린아이나 할아버지 할머니도
충분히 길을 다 건널 수 있게
5초 정도 시간을 더 주면 어떨까?"
"좋은 생각이에요. 그럼, 15초+5초 = 20초!"
민수가 소리쳤어요.

초록 신호는 20초!
땅땅땅.

빨간 신호는 얼마나 길어야 할까?

"자동차가 지나가는 동안에 사람들이
건널목을 건너면 안 되겠지? 사람들이 기다릴 수 있게
빨간 신호를 얼마나 주면 될까?"

만약, 너무 길면?

기다리는 사람들이
무지 지루할 거야.

만약, 너무 짧으면?

건널목을 지나가지 못한
차들이 도로를
가득 메울 거야.

"빨간불은 자동차들이 충분히
지나갈 만큼
켜져 있어야 해요."

아저씨가 주변을 둘러보며
민지와 민수에게 물었어요.
"얘들아, 여기 사람들이 많이 오가니?"
"주변에 시장이랑 학교가 있어서
사람들은 꽤 많아요."
"자동차는 많이 다니고?"
"아니요. 뒤편에 넓은 도로가 있어서
이쪽에는 차가 많지 않아요."
대답을 듣고 아저씨가 말했어요.
"사람들은 많지만 자동차는 많지 않네.
그렇다면 빨간 신호를 오래 줄 필요는 없겠구나.
50초 정도면 충분하겠는걸."
민지와 민수가 고개를 끄덕였어요.

빨간 신호는 50초!
땅땅땅.

ok!

50초 동안 빨간 신호를 주고, 20초 동안 초록 신호를 주는 것을 번갈아 계속한다.

"신호등에게 어떻게 일을 시킬지, 방법을 정했어. 신호등과 같은 기계에게 일을 시킬 때는 이왕이면 많은 사람이 편리하게 이용할 수 있는 최선의 방법을 찾는 게 중요해."
아저씨가 말하자 민지가 답했어요.
"그래서 우리가 신호등을 어떻게 작동시킬지 고민한 거네요. 길을 건너는 사람들과 자동차를 운전하는 사람들 모두가 편리하게요!"
"맞아. 이와 같이 일을 어떻게 할지 정한 방법을 **알고리즘**이라고 한단다. 사람에게 좀 더 편리한 기계는 보다 좋은 알고리즘에서 나온다고 할 수 있어."
민지와 민수가 고개를 끄덕였어요.
"자, 이제 알고리즘대로 명령을 내려 볼까? 명령을 내릴 때는 알고리즘을 동작별로 나누어 명령해야 해."

"한 동작 한 동작 나누어 명령어를 만들어 보자.
명령어 하나하나를 **코드**라고 하는데
이렇게 코드를 만들어 가는 과정을 **코딩**이라고 한단다.
즉, 코딩은 기계에게 시킬 일을 명령어로 정리하는 걸 말하지."

신호등 알고리즘에 따른 코딩

▶ 신호등 일 시작
빨간불 50초 켜.
빨간불 꺼.
초록불 20초 켜.
초록불 꺼.

"아저씨, 이제 코딩도 다 했으니 신호등에게 명령을 내려요. 네?"
민수가 재촉했어요.
"잠깐만 기다려 봐."
아저씨가 가방에서 주섬주섬 노트북 컴퓨터를 꺼내더니
뭔가 어려운 걸 잔뜩 써요.
"뭐 하는 거예요, 아저씨?"
"코딩한 걸 입력하고 있어.
컴퓨터는 우리가 쓰는 말을 알아듣지 못하거든.
그래서 컴퓨터가 이해할 수 있게 쓰는 거야."

"이렇게 코딩한 걸 다 입력하고 나서 컴퓨터에 부탁하면, 짠!
이것 봐. 컴퓨터 바탕 화면에 작은 그림 단추가 나타났지?"
민지가 눈을 동그랗게 떴어요.
"이게 뭐예요?"

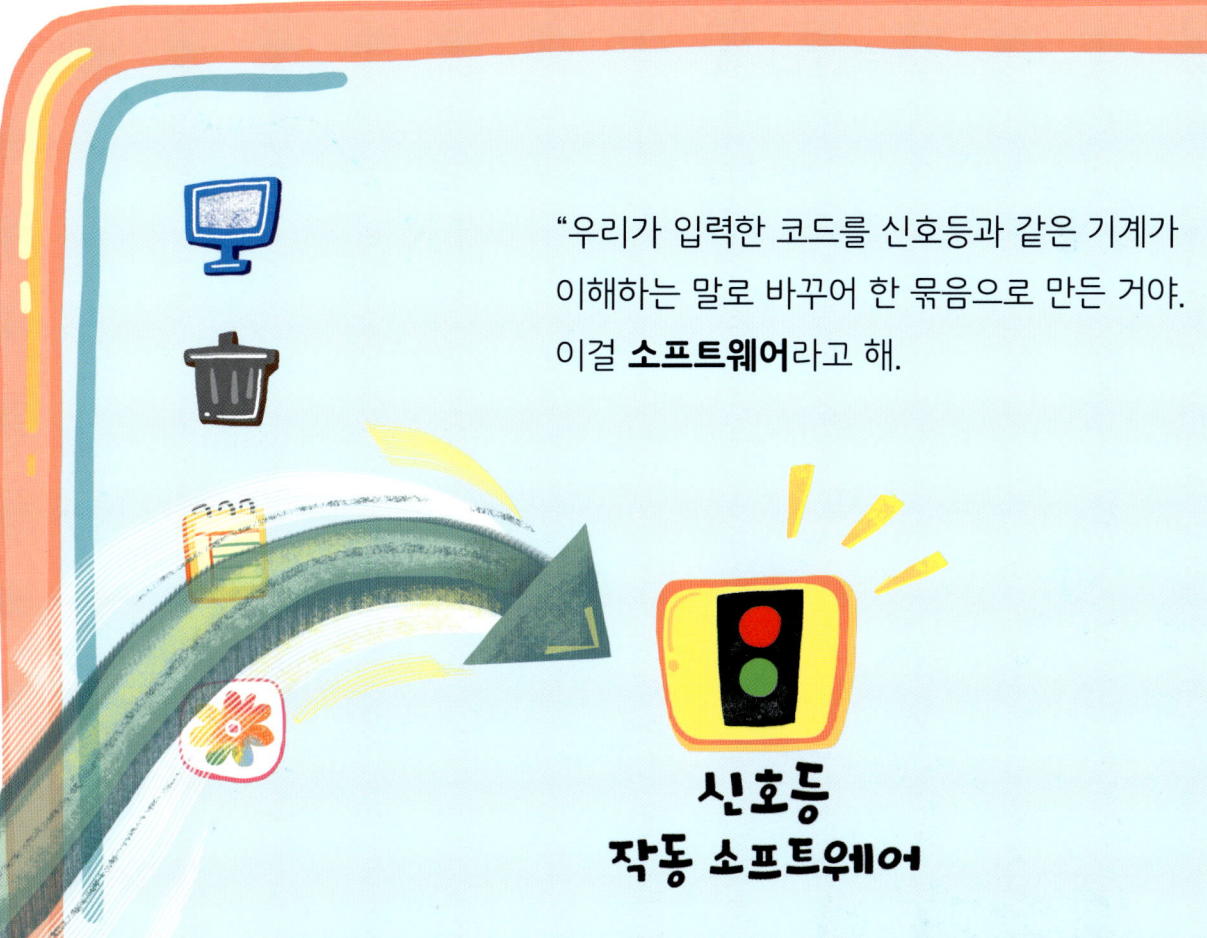

"우리가 입력한 코드를 신호등과 같은 기계가
이해하는 말로 바꾸어 한 묶음으로 만든 거야.
이걸 **소프트웨어**라고 해.

신호등
작동 소프트웨어

사실 소프트웨어는 눈에 보이지 않지만
우리가 구별하고 알아볼 수 있게 그림 단추로 표시해.
흔히 **프로그램**이라고 부르는 것들이 모두 소프트웨어란다."

아저씨가 신호등 옆에 있는 상자를 열어요.
"신호등이 프로그램을 저장하는 장소야. 제어기라고 하지.
여기에 우리가 만든 프로그램을 넣어 볼게."
아저씨가 컴퓨터와 신호등 제어기를 연결해요.
"이제 컴퓨터에 있던 프로그램이 제어기에도 똑같이 생기면,
신호등은 프로그램에 따라 작동할 거야."

신호등은 민지와 민수가 만든 프로그램에 따라
빨간불과 초록불을 번갈아 켜며 작동해요.
"정말 우리가 시킨 대로 하잖아!"
이제 신호등은 '사람과 자동차가 안전하게 오가게 하는 일'을
할 수 있게 되었어요.
길을 건너는 사람도, 차를 운전하는 사람도 안심하게 되었고요.
민지와 민수도 마음 놓고 길을 건너요!

"나도 아저씨처럼 프로그램을 만들래요.
그럼 기계를 마음대로 움직일 수 있잖아요.
저도 좀 가르쳐 주세요."
민수가 눈을 반짝이며 말했어요.
"하하, 프로그램을 만드는 프로그래머가
되고 싶은가 보구나."
"프로그래머요? 그래요. 나 프로그래머가 될래요!"

민지가 민수의 머리를 콩 쥐어박았어요.
"네가 그 어려운 걸 어떻게 해?
아저씨가 컴퓨터에 엄청 어려운 말 쓰는 거 못 봤어?
컴퓨터가 쓰는 말을 알아야 한다고."
"그런가?"
민수가 머리를 긁적였어요.

"아저씨가 쓴 말은 프로그램을 만드는 데 쓰는 언어야.
프로그래밍 언어라고 하지.
어린이들이 곧바로 익히기에는 조금 어려워.
하지만 쉽고 재미있게 연습할 수 있는 교육용 프로그래밍 언어들이 있단다.
하나둘 익히면, 민수도 프로그램을 만들 수 있을 거야."

"프로그램을 만드는 언어나 기술도 익혀야겠지만
무엇보다 중요한 건 **생각**이란다.
모든 프로그램의 밑바탕에는 사람들의 반짝이는 아이디어가 깔려 있지.
정말 그런지 우리 주변을 살펴볼까?"

자동문
자동문은 사람이 오면 저절로 문이 열리고 닫히는 프로그램에 따라 움직여. 일일이 문을 여닫는 수고 없이 드나들 수 있으면 좋겠다는 아이디어에서 만들어진 거지.

가로등
매일 밤 누군가 거리에 나와서 가로등을 켜야 한다면 불편하겠지? 그래서 특정 시간이 되면 불이 켜지고 꺼지거나, 주변의 밝기에 따라 불이 켜지고 꺼지는 프로그램들이 개발되었어.

"형태도 종류도 다르지만
더 편리하게 살고자 하는 생각들이
유익한 프로그램을 만들고,
더 나은 세상을 만들었다고 할 수 있어."

보행 신호 음성 안내기
시각 장애인이 길을 안전하게 건너려면 어떻게 해야 할까? 눈으로는 신호를 볼 수 없지만 귀로 신호를 들을 수 있다면 도움이 되겠지? 그래서 소리로 신호를 안내하는 프로그램이 개발되었지.

버스 도착 안내 전광판
전광판을 보면, 버스가 얼마 뒤에 도착할지 알 수 있어. 내가 기다리는 버스가 언제 올지 모르면 답답하겠지? 이런 점을 불편하게 느낀 어떤 사람이, 전광판 프로그램을 만들었어. 버스의 위치를 파악해서 정류장까지 오는 데 걸리는 시간을 계산하여 보여 주는 프로그램이야.

아저씨의 말을 찬찬히 듣던 민수가 주먹을 꼭 쥐었어요.
"나 프로그래머가 될래요. 재미난 생각이 진짜 많거든요.
피자 자판기? 책가방 싸는 기계? 세수 시켜 주는 로봇?
어때요? 꼭 프로그램으로 만들어서
사람들에게 소개하고 함께 쓰고 싶어요."

버튼을 누르면 바로 피자가 나오는 거야!

일어날 시간이 되었습니다.

"나도요! 나도 기발한 아이디어가 많아요!"
민지도 질세라 말했어요.
아저씨가 껄껄 웃어요.
"그래, 너희 머릿속의 생각을
멋진 프로그램으로 만들어 보렴."

민지와 민수는 벌써 꿈을 꾸기 시작해요.
"재미있고 살기 좋은 세상을 우리가 만드는 거야!"
모든 사람의 삶을 편리하게 해 주는 소프트웨어,
미래에는 어떤 꿈이 소프트웨어가 될까요?

준비땅! 코딩 ❶
신호등을 작동시키는 내 맘대로 코딩

ⓒ 안성훈·순미, 2018
초판 1쇄 발행 2018년 5월 1일
초판 3쇄 발행 2021년 12월 15일

글 안성훈 | 그림 순미 | 감수 이재호
편집 안지은·전현정 이선아 김서중 김채은 정윤경 | 디자인 이아진
제작 박천복 김태근 고형서 | 마케팅 윤병일 전이소 박유진 | 홍보 디자인 최진주
펴낸이 김경택 | 펴낸곳 (주)그레이트북스 | 등록 2003년 9월 19일 제313-2003-000311호
주소 서울시 구로구 디지털로31길 20 에이스테크노타워5차 12층 | 대표번호 (02) 6711-8676 | 홈페이지 www.greatbooks.co.kr
ISBN 978-89-271-9154-4 74000 | ISBN 978-89-271-9153-7(세트)
이 책은 저작권법에 따라 보호받는 저작물이므로 무단전재와 무단복제를 금합니다.

KC마크는 이 제품이 공통안전기준에 적합하였음을 의미합니다.
제조국 : 한국 | 사용연령 : 4세 이상
⚠ 책장에 손이 베이거나 책 모서리에 다치지 않게 주의하세요.